Anja Donnermeyer

Herzhaft backen ohne Mehl

PIZZA, QUICHE UND CO. GLUTENFREI

Das wird hier gebacken

9

Quiches

Köstliche Abwechslung ist angesagt: Mit Mandel-, Haferflocken-, Leinsamen-, Polenta-, Risotto-, Kichererbsen-, Kartoffelstampf- oder Quark-Käse-Boden bringen wir Vielfalt in die Quiche-Küche. Mal vegetarisch, mal mit Fleisch oder Fisch, von A wie Ananas-Schinken-Quiche bis Z wie Ziegenkäse-Rucola-Quiche finden wir immer wieder neue Favoriten.

Backen ohne Gluten

Backen ohne Mehl bedeutet in diesem Buch auch gleichzeitig Backen ohne Gluten. Alle Rezepte sind daher auch für Zöliakie-Betroffene geeignet. Voraussetzung ist natürlich, dass bei jeder einzelnen Zutat und auch bei der Sauberkeit in der Küche auf Glutenfreiheit geachtet wird.

Glutenfreies Backen erfordert, abhängig vom Rezept, oft eine größere Vorbereitung als glutenhaltiges Backen. Die häufig speziellen Zutaten sind zu Hause nicht vorrätig, und es gibt sie oftmals auch nicht im Supermarkt, sondern sie müssen in Reformhäusern oder im Versandhandel gekauft werden. Oder es handelt sich um Zutaten, die im Vergleich zu glutenfreien Zutaten erheblich teurer sind. Viele Betroffene möchten dann schon allein aus Kostengründen nicht jeden Tag für alle Familienmitglieder glutenfreies Spezialmehl verwenden. Doch auf Köstlichkeiten wie glutenfreie Pizza, Quiche oder Flammkuchen ganz zu verzichten, das wäre ein großer Verlust.

Die Rezepte in diesem Buch bieten eine unkomplizierte, leckere und abwechslungsreiche Alternative. Und: Die Zutaten gibt es im ganz normalen Supermarkt zu kaufen. Das Beste: Sie können spontan sein, da die verwendeten Zutaten häufig vorrätig sind oder Sie die Zutaten nach Geschmack und Vorratskammer individuell abwandeln können. Ein anderer Boden, eine andere Füllung, ein anderer Belag – lassen Sie sich gerne von den Rezepten inspirieren und von Ihren eigenen Geschmacksvorlieben leiten. Oder Sie probieren einfach mal wieder ein altes Lieblingsrezept aus Ihrem glutenhaltigen Repertoire aus und wandeln es glutenfrei ab.

„Ich finde es manchmal richtig toll, Zöliakie zu haben. Da darf ich all die leckeren Sachen essen und mein Essen ist nicht so langweilig wie bei den anderen. Die essen ja immer nur Pizza mit Mehl."

Dieser fröhliche Ausspruch meines mit Zöliakie diagnostizierten Kindes zeichnet den schönen Gedanken, dass glutenfreie Ernährung nicht nur als Belastung und Einschränkung in der Ernährung empfunden werden muss, wie es Betroffene im Alltag immer wieder erleben. Glutenfreie Ernährung kann auch Lust machen aufs Experimentieren und dadurch den Speiseplan ungeahnt bereichern, beispielsweise durch Pizza mit Haferflocken-, Thunfisch-, Reis-, Leinsamen-, Hackfleisch-, Kichererbsen, Blumenkohl- oder Kartoffelboden, statt ausschließlich mit glutenfreien oder glutenhaltigen Mehlböden.

Glücklicherweise sind sehr viele Lebensmittel von Natur aus glutenfrei. Erst durch die Weiterverarbeitung werden vielen Lebensmitteln glutenhaltige Getreidesorten wie Weizen, Roggen, Dinkel, Grünkern, Gerste, Einkorn und Kamut zugeführt, oder sie kommen durch Kontamination damit in Kontakt. Auch üblicher Hafer wird gewöhnlich durch Fremdgetreide verunreinigt und in der glutenfreien Ernährung nicht empfohlen. Haferprodukte, die aus speziell angebautem, nicht kontaminierten Hafer hergestellt sind, können in Deutschland mit dem „Glutenfrei-Symbol“ (durchgestrichene Ähre) der Deutschen Zöliakiegesellschaft gekennzeichnet werden.

Von Natur aus glutenfrei sind z. B.

- alle unverarbeiteten, frischen Obst- und Gemüsesorten (inkl. Tiefkühlprodukte ohne Zusätze). Bei in Konserven gelagertem Obst und Gemüse müssen Sie auf die Zutatenliste schauen, inwieweit dem Obst oder Gemüse gegebenenfalls glutenhaltige Zusätze zugeführt wurden.
- unverarbeitete Hülsenfrüchte (wie Erbsen, Kidneybohnen, Kichererbsen, Linsen, Bohnen) ohne Zusätze
- alle naturbelassenen Milchprodukte wie Crème fraîche, Schmand, saure Sahne, Quark und Milch sowie naturbelassener Käse wie Gouda, Parmesan, Emmentaler, Schafskäse, Mozzarella in Salzlake, Frischkäse und Hüttenkäse. Bei allen verarbeiteten Käsesorten (z. B. Kräuterfrischkäse, Schmelzkäse) und Light-Produkten müssen Sie einen Blick auf die Zutatenliste werfen, um die Glutenfreiheit bestimmen zu können.
- frische oder tiefgekühlte, unverarbeitete und ungewürzte Fleisch- und Fischprodukte
- frische, unverarbeitete Eier
- reine Pflanzenöle und Butter
- naturbelassene, unverarbeitete Nüsse, Mandeln, Leinsamen, Sonnenblumenkerne, Kürbiskerne und Pinienkerne
- reine Gewürze und Kräuter
- Kartoffeln
- Reis
- Mais

Die Zutatenliste genau prüfen

Ist glutenhaltiges Getreide in einem abgepackten Lebensmittel enthalten, muss dies in Europa auf der Zutatenliste angegeben werden. Das genaue Prüfen der Zutatenliste ist bei einer glutenfreien Ernährung unumgänglich. Unglücklicherweise ist Gluten nicht nur in glutenhaltigen Getreidesorten und den daraus hergestellten klassischen Getreideprodukten enthalten, sondern auch in einer Vielzahl von weiteren, verarbeiteten Lebensmitteln. Das erschwert die glutenfreie Ernährung im Alltag enorm. Jede Zutat muss auf Glutenfreiheit untersucht werden. Häufig ist Gluten nur ein kleiner Bestandteil, z. B. als Verdickungs- oder Bindemittel. Doch bereits kleinste Mengen an Gluten lösen bei Menschen mit Zöliakie Reaktionen aus, und man muss sie konsequent meiden. Nur Produkte, die einen Glutengehalt von maximal 20 parts per million enthalten, gelten als glutenfrei. Auf jeden Fall glutenfrei sind verarbeitete Produkte, die das Glutenfrei-Symbol (eine durchgestrichenen Ähre) tragen. Aber nicht jeder Hersteller, der glutenfreie Produkte vertreibt, lässt sein Produkt auch mit dem Glutenfrei-Symbol lizensieren. Als Mitglied der Deutschen Zöliakiegesellschaft (DZG) gibt es jährlich umfassende Lebensmittelaufstellungen glutenfreier Produkte und weitere Unterstützung. Die Homepage der DZG finden Sie unter www.dzg-online.de.

Bereiten Sie in Ihrer Küche auch glutenhaltige Speisen zu, ist bei einer glutenfreien Herstellung wichtig, neben den Händen auch die Arbeitsflächen und Arbeitsgeräte vor der Benutzung zu reinigen. Auch der Backofen sollte vor Verwendung ausgewischt werden. Verwenden Sie Backformen idealerweise ausschließlich für die glutenfreie Zubereitung. Zu leicht bleibt doch einmal Gluten an der Backform hängen, beispielsweise wenn glutenhaltiger Teig in den Ritzen festbackt. Ist dies nicht möglich, sollten die Backformen noch einmal gründlich gereinigt werden und anschließend mit Backpapier ausgelegt werden. Verzichten Sie am besten auf Küchenutensilien aus Holz, wie Teigrollen oder Holzbrettchen, wenn auch glutenhaltige Speisen mit ihnen in Kontakt kommen. In den Holzrillen können schnell Lebensmittelreste hängen bleiben.

Praktische Hinweise

Quiches aus der Form zu heben ist manchmal ein wenig kniffelig. Lässt man die Quiche nach dem Backen ein paar Minuten ruhen, setzt sie sich ein wenig und die Zutaten verbinden sich noch besser. Dabei wird sie auch stabiler. Bei den meisten Quiches können Sie anschließend problemlos flache Unterlagen (z. B. Teller oder Tortenplatte) auf die Quicheform legen, diese darauf stürzen und anschließend direkt auf die Servierplatte wenden.

Bei der Verwendung von hübschen, schnittfesten Backformen (z. B. aus Keramik) können Sie Quiches direkt in der Form servieren und portionsweise mit einem Tortenheber herauslösen. Eine weitere Möglichkeit: die Backform mit Backpapier auslegen und die Quiche mithilfe des Backpapiers aus der Form heben, eine Tortenpappe unterschieben und damit auf eine Servierplatte setzen. Alternativ können Sie auch vor dem Befüllen der Form zwei Backpapierstreifen, die über den Rand der Form hinausgehen, gekreuzt auf den Boden der Backform legen. Nach dem Backen können Sie die Quiche an den Backpapierenden aus der Form ziehen und anschließend die Backpapierstreifen einfach darunter wegnehmen. Es gibt aber auch Quicheformen mit herausnehmbarem Boden, die das Herauslösen erleichtern. Wichtig ist immer, dass die Quiche nicht auf dem Boden festklebt, daher immer ein wenig einfetten, falls Sie kein Backpapier verwenden.

Quiches können Sie auch in Springformen backen, doch dann muss die Form auslaufsicher sein. Auch Pizzen müssen nicht zwingend in Pizzaformen gebacken werden, sondern können auch in anderen runden Backformen (z. B. Springform) gebacken werden. Üblicherweise werden Pizzableche mit Mehl bestäubt. Beim Backen ohne Mehl verwenden Sie Backpapier unter dem Pizzaboden oder Sie fetten die Form ganz leicht ein.

Backtemperatur und Maße der Backformen

Wenn nicht anders angegeben, beziehen sich die Backangaben in den Rezepten auf einen Umluft betriebenen Backofen. Es werden standardmäßig runde Quicheformen mit einem Durchmesser von 26 cm (am Boden), runde Pizzableche mit einem Durchmesser von 27 cm Durchmesser (am Boden) und runde Springformen mit einem Durchmesser von 24 cm (am Boden) verwendet. Haben Sie geringfügig abweichende Backformen, können Sie auch diese verwenden unter der Berücksichtigung, dass der Boden/Belag dadurch entsprechend etwas dünner oder dicker sein wird und die Backzeit ggf. angepasst werden muss.

Quiches

Feta-Lachs-Quiche
auf Haferflocken-Quark-Boden

Lecker und gesund – Hafer ist reich an wertvollen Inhaltsstoffen

Für 1 Quicheform Ø 26 cm

- 250 g Quark
- 200 g Haferflocken (glutenfrei im Supermarkt z. B. „Köllnflocken glutenfrei“)
- 3 EL Olivenöl (+ etwas Pflanzenöl zum Braten)
- 2 TL Backpulver
- 2 Stangen Lauch
- 4 Eier
- 100 g Crème fraîche
- Saft von ½ Zitrone
- Salz
- Pfeffer, frisch gemahlen
- 250 g geräucherter Lachs
- 300 g Feta
- einige Stängel Dill

Zubereitungszeit: 30 Minuten

Backzeit: 10 Minuten + 35 Minuten

1. Den Backofen auf 180 °C Umluft (Ober-/Unterhitze 200 °C) vorheizen. Den Quark mit den Haferflocken, dem Öl und Backpulver verkneten, in einer leicht eingefetteten oder mit Backpapier ausgelegten Quicheform verteilen und 10 Minuten im Backofen vorbacken.

2. Den Lauch waschen, klein schneiden und in einer Pfanne mit etwas Öl anbraten.

3. Die Eier mit Crème fraîche verrühren. Mit Zitronensaft, Salz und Pfeffer würzen. Anschließend den Lauch dazugeben.

4. Den Lachs in Streifen schneiden. 6 Streifen für die Dekoration beiseitelegen. Den restlichen Lachs auf dem Quicheboden verteilen. Den Fetakäse in kleine Würfel schneiden und darauf geben. Die Lauchmasse darüber gießen. Die Quiche 35 Minuten im Backofen backen.

5. Den Dill klein schneiden und darüber streuen. 6 Streifen Lachs einzeln aufrollen und nach dem Backen dekorativ auf der Quiche verteilen.

Birnen-Brokkoli-Quiche
auf Mandelboden

Fruchtig und herzhaft zugleich

Für 1 Quicheform Ø 26 cm

- 150 g gemahlene Mandeln
- 1 Ei
- 80 g Butter
- 1 Prise Salz
- 400 g Brokkoli
- 1 Süßkartoffel
- 300 g Birnen (aus der Dose)
- 50 g Gorgonzola
- 3 Eier
- 100 g Sahne
- 125 g saure Sahne
- 1 EL Honig
- Pfeffer, frisch gemahlen

Zubereitungszeit: 30 Minuten

Backzeit: 10 Minuten + 45 Minuten

1. Den Backofen auf 180 °C Umluft (Ober-/Unterhitze 200 °C) vorheizen.
2. Die Mandeln mit dem Ei, der Butter und dem Salz mit den Händen zu einer Kugel kneten. Den Teig in einer leicht eingefetteten oder mit Backpapier ausgelegten Quicheform mit einem Messer dünn verteilen und leicht andrücken. Den Teig etwa 10 Minuten backen, dann abkühlen lassen.
3. Den Brokkoli in kleine Röschen zerteilen, die Süßkartoffel schälen und in mundgerechte Stücke schneiden. Beides in Wasser gar kochen.
4. Die Birnen in Streifen schneiden, den Gorgonzola fein hacken. Die Birnenstreifen ringförmig auf den Mandelboden legen. Brokkoliröschen, Süßkartoffel und zuletzt Gorgonzola auf dem Boden verteilen.
5. Eier, Sahne und saure Sahne verrühren, mit Honig und Pfeffer würzen und über die Quiche gießen. Anschließend 45 Minuten backen.

TIPP

Dieser dünne, köstliche Boden ist ein echter Allrounder und eignet sich hervorragend als Alternative für Mürbeteig.

Ziegenkäse-Rucola-Quiche
auf Quark-Käse-Boden

Edel mit Rucola und Serranoschinken

Für 1 Quicheform Ø 26 cm

- 200 g Quark
- 4 Eier
- 100 g geriebener Mozzarella
- Basilikum (gerebelt)
- 1 gelbe Paprika
- 1 rote Paprika
- 50 g schwarze Oliven (entsteint)
- 300 g Ziegenfrischkäse
- 2 EL Crème fraîche
- Salz
- Pfeffer, frisch gemahlen
- 3 Scheiben Serranoschinken
- 50 g Rucola

Zubereitungszeit: 20 Minuten

Backzeit: 10 Minuten + 35 Minuten

1. Den Backofen auf 180 °C Umluft (Ober-/Unterhitze 200 °C) vorheizen. Den Quark mit 2 Eiern und dem Mozzarella verrühren, mit Basilikum würzen, in eine leicht eingefettete oder mit Backpapier ausgelegte Quicheform füllen und 10 Minuten vorbacken.
2. Die Paprika entkernen, in Streifen schneiden und zusammen mit den Oliven auf dem vorgebackenen Teig verteilen.
3. Den Ziegenfrischkäse mit den restlichen 2 Eiern und der Crème fraîche verrühren. Mit Salz und Pfeffer würzen, über die Quiche gießen und 35 Minuten im Backofen backen.
4. Vor dem Servieren die Schinkenscheiben vierteln und zusammen mit den Rucolablättern auf der Quiche verteilen.

TIPP

Genießen Sie diese Quiche auch mal vegetarisch ohne Schinken.

Lauch-Quiche auf Körner-Nussboden

Köstlich-kerniger Vitaminlieferant

Für 1 Quicheform Ø 26 cm

- 75 g Leinsamen
- 60 g gemahlene Haselnüsse
- 50 g Sonnenblumenkerne
- 25 g Kürbiskerne
- 20 g Butter
- 1 Ei
- Salz
- 1 kg Lauch
- 75 g Schinkenwürfel
- Pflanzenöl zum Anschwitzen
- Pfeffer, frisch gemahlen
- 2 Eier
- 200 g Sahne
- 100 g geriebener Käse (z. B. Emmentaler)

Zubereitungszeit: 30 Minuten

Backzeit: 8 Minuten + 30 Minuten

1. Den Backofen auf 180 °C Umluft (Ober-/Unterhitze 200 °C) vorheizen. Leinsamen, Haselnüsse, Sonnenblumenkerne und Kürbiskerne mit dem Pürierstab pürieren. Anschließend Butter, Ei und etwas Salz dazugeben und verkneten.

2. Den Teig in einer leicht eingefetteten oder mit Backpapier ausgelegten Quicheform verteilen und etwa 8 Minuten vorbacken.

3. Den Lauch putzen, gründlich waschen und in Ringe schneiden. Zusammen mit den Schinkenwürfeln in einem Topf mit etwas Öl anschwitzen. Mit Salz und Pfeffer würzen. Die Mischung auf dem vorgebackenen Quicheboden verteilen.

4. Die Eier mit der Sahne verrühren, den Käse dazugeben und über die Quiche gießen. Die Quiche 30 Minuten im Backofen backen.

TIPP

Kombinieren Sie die vegetarische Version der Füllung (ohne Schinkenwürfel) zum Mandel-Quicheboden oder Leinsamen-Quicheboden (Rezepte siehe Umschlag).

Pilz-Quiche auf Leinsamenboden

Schön herbstlich

Für 1 Quicheform Ø 26 cm

- 140 g Leinsamen
- 60 g Sonnenblumenkerne
- 100 ml Wasser
- 50 g geriebener Mozzarella
- 350 g Champignons
- 2 Stangen Lauch
- 100 g Speckwürfel
- Pflanzenöl zum Anbraten
- 2 Eier
- 200 g Crème fraîche
- etwas frischer Schnittlauch
- 4 Stängel Petersilie
- Salz
- Pfeffer, frisch gemahlen

Zubereitungszeit: 25 Minuten

Backzeit: 10 Minuten
+ 45 Minuten
+ Ruhezeit: 5 Minuten

1. Den Backofen auf 180 °C Umluft (Ober-/Unterhitze 200 °C) vorheizen.

2. Die Leinsamen und Sonnenblumenkerne mit dem Pürierstab zerkleinern. Anschließend das Wasser unterrühren und etwa 5 Minuten stehen lassen. Dann den Mozzarella unterrühren und den Teig in einer leicht eingefetteten oder mit Backpapier ausgelegten Quicheform verteilen und 10 Minuten im Backofen backen.

3. Die Champignons in Scheiben schneiden, den Lauch waschen und in Ringe schneiden. Zusammen mit den Speckwürfeln in einer Pfanne mit etwas Öl anbraten. Anschließend die Zutaten in einem Sieb abtropfen lassen und auf den vorgebackenen Leinsamenboden geben.

4. Die Eier mit der Crème fraîche verrühren. Schnittlauch und die Hälfte der Petersilie klein schneiden und dazugeben. Mit Salz und Pfeffer würzen. Alles über die Quiche gießen und 45 Minuten im Backofen backen. Vor dem Servieren mit der restlichen Petersilie dekorieren.

TIPP

Variieren Sie die Quiche mit anderen Pilzsorten, z. B. Pfifferlingen, Kräuterseitlingen oder auch Austernpilzen.

Spinat-Feta-Quiche
auf Linsenboden

Spinat macht stark und schmeckt mit Feta besonders aromatisch

Für 1 Quicheform Ø 26 cm

- 500 g tiefgekühlter Blattspinat
- 280 g Linsen (aus der Dose)
- 25 g Speisestärke (glutenfreie Maisstärke z. B. von Mondamin oder Dr. Oetker)
- 1 Ei
- 120 g Schmand
- Salz
- Pfeffer, frisch gemahlen
- Muskatnuss, frisch gerieben
- 75 g Feta

Zubereitungszeit: 20 Minuten

Backzeit: 10 Minuten + 35 Minuten

1. Den Backofen auf 180 °C Umluft (Ober-/Unterhitze 200 °C) vorheizen. Den Spinat auftauen lassen.
2. Die Linsen abtropfen lassen und mit Küchenpapier trocken tupfen. Anschließend mit einem Pürierstab pürieren und mit der Speisestärke vermischen. Ganz dünn in einer leicht eingefetteten oder mit Backpapier ausgelegten Quicheform verteilen, einen kleinen Rand formen und den Boden 10 Minuten vorbacken.
3. Das Ei mit dem Schmand verrühren, danach den aufgetauten Spinat untermischen. Mit Salz, Pfeffer und Muskatnuss würzen und auf dem Linsenboden verteilen. Feta zerbröseln und darüber streuen. Die Quiche 35 Minuten im Backofen backen.

TIPP

Spinat aufzuwärmen wird wegen eines dadurch möglichen erhöhten Nitritgehalts des Spinats nicht empfohlen. Aber bei dieser leckeren Quiche wird ohnehin alles schnell weggeschlemmt.

Kidneybohnen-Ricotta-Quiche
auf Polentaboden

Reich an Ballaststoffen

Für 1 Quicheform Ø 26 cm

1 Bund Frühlingszwiebeln
Butter zum Anschwitzen
300 ml Gemüsebrühe
200 ml Milch
125 g Maisgrieß (Polenta)
75 g geriebener Parmesan
1 Dose Kidneybohnen
1 kleine Dose Maiskörner
3 Eier
250 g Ricotta
5 EL Milch
Salz
Pfeffer, frisch gemahlen
Knoblauch (granuliert)
Muskatnuss, frisch gerieben

Zubereitungszeit: 30 Minuten

Backzeit: 4 Minuten + 40 Minuten

1. Den Backofen auf 180 °C Umluft (Ober-/Unterhitze 200 °C) vorheizen.

2. Frühlingszwiebeln in kleine Röllchen schneiden und in etwas Butter anschwitzen. Dann Gemüsebrühe und Milch hinzugeben und aufkochen. Polenta und 50 g Parmesan einrühren und etwa 10 Minuten unter Rühren eindicken lassen.

3. Die Masse in eine leicht eingefettete oder mit Backpapier ausgelegte Quicheform streichen und etwa 3–4 Minuten im Backofen vorbacken.

4. Anschließend die Polenta aus dem Ofen nehmen und mit Kidneybohnen und Maiskörnern belegen. Eier, Ricotta und Milch verrühren und mit Salz, Pfeffer, Knoblauch und Muskatnuss würzen. Den Guss in die Form gießen, die Quiche mit dem restlichen Parmesan bestreuen und 40 Minuten im Backofen backen.

Quiche Lorraine
auf Risottoboden

Ein Klassiker mal ganz anders

Für 1 Quicheform Ø 26 cm

- Butter zum Anbraten
- 200 g Risottoreis
- 500 ml Wasser
- Salz
- 50 g geriebener Parmesan
- 3 Eier
- 2 Bund Frühlingszwiebeln
- 100 g Schinkenwürfel
- 300 g Crème fraîche
- Butter zum Anbraten
- Pfeffer, frisch gemahlen
- 100 g Appenzeller Käse

Zubereitungszeit: 45 Minuten

Backzeit: 20 Minuten + 30 Minuten

1. Etwas Butter in einem Topf erhitzen, den Risottoreis darin glasig anschwitzen, dann mit 500 ml Wasser ablöschen, Salz hinzufügen und gar kochen.

2. Den Backofen auf 180 °C Umluft (Ober-/Unterhitze 200 °C) vorheizen. Den Parmesan und 1 Ei unter den gegarten Risottoreis rühren, in eine leicht eingefettete oder mit Backpapier ausgelegte Quicheform füllen und 20 Minuten im Backofen vorbacken, danach leicht abkühlen lassen.

3. Die Frühlingszwiebeln in Röllchen schneiden und zusammen mit den Schinkenwüfeln in etwas Butter anbraten. Zwiebeln und Schinken auf dem Quicheboden verteilen.

4. 2 Eier mit der Crème fraîche verrühren, salzen und pfeffern. Den Käse raspeln und unterheben. Den Guss über die Quiche gießen und die Quiche etwa 30 Minuten im Backofen backen.

Variante

Wem der Appenzeller zu kräftig ist, kann alternativ Mozzarella verwenden.

Erbsen-Quiche
auf Haferflocken-Quark-Boden

Feiner Sattmacher

Für 1 Quicheform Ø 26 cm

- 250 g Quark
- 150 g glutenfreie Haferflocken (glutenfrei im Supermarkt z. B. „Kölln-flocken glutenfrei")
- 2 TL Backpulver
- 3 EL Olivenöl
- 400 g Erbsen (tiefgekühlt oder aus der Dose)
- 1 Zwiebel
- 200 g Kräuter-Frischkäse
- 100 ml Milch
- 3 Eier
- Salz
- Pfeffer, frisch gemahlen

Zubereitungszeit: 15 Minuten

Backzeit: 10 Minuten + 40 Minuten

1. Den Backofen auf 180 °C Umluft (Ober-/Unterhitze 200 °C) vorheizen.
2. Den Quark mit den Haferflocken, dem Backpulver und Olivenöl gut verkneten. Anschließend den Teig in einer leicht eingefetteten oder mit Backpapier ausgelegten Quicheform verteilen und 10 Minuten im Backofen vorbacken.
3. Tiefkühlerbsen in wenig Wasser gar kochen und abtropfen lassen. Die Erbsen auf den Boden geben. Die Zwiebel häuten, in dünne Scheiben schneiden und die Zwiebelringe darauf verteilen.
4. Den Frischkäse mit Milch und Eiern verrühren, mit Salz und Pfeffer würzen. Den Guss über die Erbsen gießen und die Quiche 40 Minuten im Backofen backen.

TIPP

Ergänzen Sie die Kräuter im Frischkäse durch frische Kräuter aus dem Kräutergarten (z. B. Petersilie, Schnittlauch, Dill oder Kresse) und streuen Sie diese über die Quiche.

Rote-Bete-Quiche
auf Kichererbsen-Boden

Eine farbenfrohe, schmackhafte Kombination

Für 1 Quicheform Ø 26 cm

- 300 g Kichererbsen (aus der Dose)
- 130 g Bergkäse
- 4 Eier
- 1 große Süßkartoffel
- 1 vorgekochte Rote Bete
- 1 Stange Lauch
- 250 g Schmand
- 250 g Crème fraîche
- 50 ml Milch
- Salz
- Pfeffer, frisch gemahlen

Zubereitungszeit: 30 Minuten

Backzeit: 10 Minuten + 35 Minuten

1. Den Backofen auf 180 °C Umluft (Ober-/Unterhitze 200 °C) vorheizen.

2. Die Kichererbsen abgießen und pürieren. Den Bergkäse raspeln, 100 g beiseitestellen. Die restlichen 30 g zu dem Kichererbsenpüree geben, 1 Ei hinzufügen und alles verrühren. Anschließend den Teig in einer leicht eingefetteten oder mit Backpapier ausgelegten Quicheform verteilen und 10 Minuten im Backofen vorbacken.

3. Die Süßkartoffel schälen, in dicke Scheiben schneiden und gar kochen. Die Rote Bete schälen, in Scheiben schneiden. Den Lauch waschen und in Ringe schneiden. Die Süßkartoffel- und Rote-Bete-Scheiben auf den Quicheboden legen, den Lauch darüber streuen.

4. Die restlichen Eier verquirlen, den Schmand, die Crème fraîche und die Milch dazugeben und verrühren. Den Bergkäse unterheben. Mit Salz und Pfeffer würzen. Den Guss über die Quiche geben und 35 Minuten im Backofen backen.

Zucchini-Quiche
ohne Boden

Diese Quiche kommt ganz ohne Boden aus

Für 1 Quicheform Ø 26 cm

- 400 g Zucchini
- 3 Eier
- 250 g Feta
- 6 getrocknete Tomaten
- 100 g saure Sahne
- 50 g Sonnenblumenkerne
- Salz
- Pfeffer, frisch gemahlen
- Knoblauch (granuliert)

Zubereitungszeit: 25 Minuten

Backzeit: 30 Minuten

1. Den Backofen auf 180 °C Umluft (Ober-/Unterhitze 200 °C) vorheizen.
2. Die Zucchini auf der Küchenreibe fein raspeln. Die Flüssigkeit der Zucchiniraspel mit einem Tuch aufsaugen. Die Eier trennen, das Eiweiß steif schlagen.
3. 150 g Feta und die getrockneten Tomaten in kleine Würfel schneiden. Die Eigelbe mit der sauren Sahne verrühren. Dann Feta, getrocknete Tomaten und Sonnenblumenkerne hinzufügen.
4. Die Zucchiniraspel dazugeben und mit Salz, Pfeffer und Knoblauch würzen. Den Eischnee unterheben und alles in eine leicht eingefettete oder mit Backpapier ausgelegte Quicheform füllen.
5. Den restlichen Feta mit den Händen zerbröseln und auf dem Teig verteilen. Quiche 30 Minuten backen.

TIPP

Wer den „Biss“ der Quiche durch die Sonnenblumenkerne oder die getrockneten Tomaten nicht mag, kann sie ersatzlos weglassen.

Wem Feta als Topping auf dem Belag zu intensiv ist, streut auf den Zucchini-Feta-Teig einfach Parmesan, der überbacken eine herrliche Kruste ergibt.

Ananas-Schinken-Quiche
auf Polentaboden

Polenta – eine variantenreiche Bereicherung der glutenfreien Küche

Für 1 Quicheform Ø 26 cm

- 300 ml Gemüsebrühe
- 200 ml Milch
- 125 g Maisgrieß (Polenta)
- 100 g gekochter Schinken
- 200 g Ananasstücke (aus der Dose)
- 1 Bund Frühlingszwiebeln
- 150 g Frischkäse
- 50 g Sahne
- 2 Eier
- Salz
- Pfeffer, frisch gemahlen

Zubereitungszeit: 30 Minuten

Backzeit: 4 Minuten + 35 Minuten

1. Den Backofen auf 180 °C Umluft (Ober-/Unterhitze 200 °C) vorheizen. Gemüsebrühe und Milch in einem Topf aufkochen, dann Maisgrieß einrühren und etwa 10 Minuten unter Rühren eindicken lassen.
2. Die Masse in eine leicht eingefettete oder mit Backpapier ausgelegte Quicheform streichen. Die Polenta etwa 3–4 Minuten im Backofen vorbacken.
3. Den Schinken in Streifen schneiden und auf dem Teig verteilen. Die Ananasstücke abtropfen lassen und ebenfalls darauf verteilen. Anschließend die Frühlingszwiebeln in Röllchen schneiden und darüber streuen.
4. Den Frischkäse, die Sahne und die Eier verrühren, mit Salz und Pfeffer würzen und über die Quiche gießen. Quiche 35 Minuten im Backofen backen.

Kürbis-Quiche
auf Reisboden

Perfekt in der herbstlichen Kürbiszeit

Für 1 Quicheform Ø 26 cm

- 125 g Reis
- 100 g Bergkäse
- 5 Eier
- 70 ml Milch
- 1 Zwiebel
- 250 g Rinderhackfleisch
- Pflanzenöl zum Braten
- Salz
- Pfeffer, frisch gemahlen
- 400 g Kürbis
- 250 g Crème fraîche
- Muskatnuss, frisch gerieben

Zubereitungszeit: 50 Minuten

Backzeit: 20 Minuten + 35 Minuten

1. Den Backofen auf 180 °C Umluft (Ober-/Unterhitze 200 °C) vorheizen. Den Reis nach Packungsanweisung gar kochen.

2. Bergkäse raspeln. 2 Eier mit der Milch verquirlen, den Reis und 50 g Bergkäse unterrühren. Danach den Teig in einer leicht eingefetteten oder mit Backpapier ausgelegten Quicheform verteilen und 20 Minuten backen.

3. Die Zwiebel häuten und würfeln. Zusammen mit dem Hackfleisch in einer Pfanne mit etwas Öl anbraten. Mit Salz und Pfeffer würzen. Den Kürbis putzen, das Kürbisfleisch in mundgerechte Stücke schneiden und in Wasser gar kochen. Anschließend das Hackfleisch und den gegarten Kürbis auf dem Reisboden verteilen.

4. Crème fraîche mit den restlichen 3 Eiern verrühren, 50 g Käse unterrühren. Mit Muskatnuss würzen und die Masse über den Belag gießen. Die Quiche 35 Minuten im Backofen backen.

TIPP

Zerlegen und putzen Sie in der Kürbiszeit frische Kürbisse und frieren Sie sie portionsweise ein – so können Sie das ganze Jahr über Kürbis genießen.

Gemüse-Schinken-Quiche
auf Kartoffelstampf-Boden

Nicht nur Kinder lieben Kartoffelstampf

Für 1 Quicheform Ø 26 cm

- 600 g Kartoffeln
- 20 g Butter
- 30 g Speisestärke (glutenfreie Maisstärke z. B. von Mondamin oder Dr. Oetker)
- Salz
- Pfeffer, frisch gemahlen
- Muskatnuss, frisch gerieben
- 1 Zucchini
- 1 Stange Lauch
- 1 rote Paprika
- 4 Scheiben gekochter Schinken
- 3 Eier
- 150 ml Milch
- 50 g Gruyère

Zubereitungszeit: 45 Minuten

Backzeit: 20 Minuten + 35 Minuten

1. Den Backofen auf 180 °C Umluft (Ober-/Unterhitze 200 °C) vorheizen. Die Kartoffeln schälen und gar kochen. Kartoffeln abgießen, Butter und Speisestärke zugeben und zerstampfen. Mit Salz, Pfeffer und Muskatnuss würzen.

2. Den Kartoffelstampf in einer leicht eingefetteten oder mit Backpapier ausgelegten Quicheform verteilen und 20 Minuten im Backofen vorbacken.

3. Die Zucchini und den Lauch in Scheiben schneiden, die Paprika entkernen und in Streifen schneiden, den Kochschinken in Streifen schneiden. Alles auf dem Kartoffelstampf-Boden verteilen.

4. Die Eier und Milch verrühren. Gruyère raspeln und unterheben. Den Guss über die Quiche geben und 35 Minuten im Backofen backen.

Lachs-Spargel-Quiche
auf Quark-Käse-Boden

So lecker – da warten wir sehnlichst auf die Spargelzeit

Für 1 Quicheform Ø 26 cm

200 g Quark
4 Eier
160 g geriebener Mozzarella
20 g geriebener Parmesan
Salz
Pfeffer, frisch gemahlen
Majoran (gerebelt)
5 Stangen Spargel
150 g geräucherter Lachs
100 g Sahne
einige Stängel Petersilie
etwas Schnittlauch und Dill

Zubereitungszeit: 30 Minuten

Backzeit: 15 Minuten + 35 Minuten

1. Den Backofen auf 180 °C Umluft (Ober-/Unterhitze 200 °C) vorheizen.
2. Den Quark und 2 Eier verrühren, anschließend den Mozzarella und Parmesan dazugeben und mit Salz, Pfeffer und Majoran würzen. Die Masse in eine leicht eingefettete oder mit Backpapier ausgelegte Quicheform geben und ungefähr 15 Minuten vorbacken. Anschließend aus dem Backofen nehmen und etwas abkühlen lassen.
3. Spargel schälen, in mundgerechte Stücke schneiden und gar kochen. Den Lachs in Streifen schneiden. Lachs und Spargel auf dem Teigboden verteilen.
4. 2 Eier mit der Sahne aufschlagen. Mit Pfeffer würzen. Petersilie, Schnittlauch und Dill klein schneiden, dazugeben und die Masse auf die belegte Quiche gießen.
5. Die Quiche 35 Minuten im Backofen backen.

Zucchini-Feta-Quiche
auf Polentaboden

Zucchini – so unscheinbar, aber reich an Nährstoffen

Für 1 Quicheform Ø 26 cm

- 300 ml Gemüsebrühe
- 200 ml Milch
- 125 g Maisgrieß (Polenta)
- 50 g geriebener Parmesan
- 1 Zwiebel
- 75 g Zucchini
- 2 Scheiben gekochter Schinken
- 50 g Sahne
- 100 g Crème fraîche
- 2 Eier
- Salz
- Pfeffer, frisch gemahlen
- einige Stängel Petersilie
- 150 g Feta

Zubereitungszeit: 35 Minuten

Backzeit: 4 Minuten + 35 Minuten

1. Den Backofen auf 180 °C Umluft (Ober-/Unterhitze 200 °C) vorheizen.

2. Gemüsebrühe und Milch in einem Topf aufkochen. Maisgrieß und Parmesan einrühren und etwa 10 Minuten unter Rühren eindicken lassen. Dann die Masse in eine leicht eingefettete oder mit Backpapier ausgelegte Quicheform streichen und die Polenta im Backofen 3–4 Minuten kurz vorbacken.

3. Zwiebel häuten und in dünne Ringe, die Zucchini in dünne Scheiben, den Kochschinken in Streifen schneiden. Die Polenta aus dem Ofen nehmen und mit Schinken, Zucchini und Zwiebeln belegen.

4. Sahne, Crème fraîche und Eier verrühren, mit Salz und Pfeffer würzen. Die Petersilie klein schneiden, den Feta zerbröseln und beides unterrühren. Den Guss in die Form gießen und die Quiche 35 Minuten im Backofen backen.

TIPP

Ziehen Sie Zucchini selbst im Garten – schon eine einzige Pflanze kann reichhaltigen Ertrag geben. Probieren Sie auch gerne gelbe Zucchini – diese können ebenso wie grüne Zucchini verwendet werden.

Gemüse-Quiche
auf Haferflocken-Quark-Boden

Vegetarischer Genuss für viel Power

Für 1 Quicheform Ø 26 cm

- 250 g Quark
- 125 g glutenfreie Haferflocken (glutenfrei im Supermarkt z. B. „Köllnflocken glutenfrei")
- 2 TL Backpulver
- 3 EL Olivenöl
- 5 Brokkoliröschen
- 1 Bund Frühlingszwiebeln
- 1 rote Paprika
- 2 Eier
- 150 ml Milch
- Salz
- Pfeffer, frisch gemahlen
- 150 g geriebener Käse (z. B. Mozzarella)

Zubereitungszeit: 35 Minuten

Backzeit: 10 Minuten + 15 Minuten

1. Den Backofen auf 180 °C Umluft (Ober-/Unterhitze 200 °C) vorheizen. Den Quark mit den Haferflocken, dem Backpulver und Olivenöl gut verkneten. Dann in einer leicht eingefetteten oder mit Backpapier ausgelegten Quicheform verteilen und 10 Minuten im Backofen vorbacken.

2. Den Brokkoli gar kochen. Die Frühlingszwiebeln in Röllchen schneiden, die Paprika entkernen und in Streifen schneiden. Anschließend die Zwiebeln, den Brokkoli und die Paprika auf dem Quicheboden verteilen.

3. Die Eier mit der Milch verrühren, mit Salz und Pfeffer würzen und über die Quiche gießen. Den geriebenen Käse darüber streuen und die Quiche 15 Minuten im Backofen backen.

Krabben-Quiche
auf Quark-Käse-Boden

Für Krabbenliebhaber ein Gedicht

Für 1 Quicheform Ø 26 cm

- 200 g Quark
- 2 Eier
- 160 g geriebener Mozzarella
- Salz
- Pfeffer, frisch gemahlen
- Majoran (gerebelt)
- 1 Bund Frühlingszwiebeln
- 300 g Krabbenfleisch
- Pflanzenöl zum Anbraten
- 6 Cocktailtomaten
- 200 g Sahne
- 2 Eier
- 4 Stängel Petersilie
- etwas Schnittlauch

Zubereitungszeit: 30 Minuten

Backzeit: 15 Minuten + 30 Minuten

1. Den Backofen auf 180 °C Umluft (Ober-/Unterhitze 200 °C) vorheizen.
2. Den Quark und die Eier verrühren, anschließend den Käse dazugeben und mit Salz, Pfeffer und Majoran würzen. Die Masse in einer leicht eingefetteten oder mit Backpapier ausgelegten Quicheform verteilen und etwa 15 Minuten vorbacken. Danach aus dem Backofen nehmen, etwas abkühlen lassen.
3. Die Frühlingszwiebeln in Röllchen schneiden, zusammen mit dem Krabbenfleisch in einer Pfanne mit etwas Öl anbraten. Anschließend auf dem Quicheboden verteilen. Die Cocktailtomaten halbieren und kreisförmig nebeneinander an den Rand der Quiche legen.
4. Sahne und Eier verrühren. 2 Stängel Petersilie und den Schnittlauch klein schneiden und dazugeben. Dann auf die Quiche gießen und 30 Minuten im Backofen backen. Die Quiche mit der restlichen Petersilie garnieren.

TIPP

Für einen leckeren Dip 200 g Schmand mit 1 EL Senf, 1 EL Honig und 1 klein geschnittenem Bund Dill verrühren.

Hackfleisch-Quiche auf Mandelboden

Mit überbackenen Nachos als Topping der Hit

Für 1 Quicheform Ø 26 cm

- 150 g gemahlene Mandeln
- 4 Eier
- 80 g Butter
- 1 Prise Salz
- 1 Zwiebel
- Pflanzenöl zum Anbraten
- 350 g gemischtes Hackfleisch
- 2 EL Tomatenmark
- Pfeffer, frisch gemahlen
- 1 rote Paprika
- 1 kleine Dose Maiskörner
- 3 EL rote Kidneybohnen
- 300 g Sahne

Zubereitungszeit: 25 Minuten

Backzeit: 10 Minuten + 45 Minuten

1. Den Backofen auf 180 °C Umluft (Ober-/Unterhitze 200 °C) vorheizen. Die Mandeln mit 1 Ei, der Butter und dem Salz verrühren und mit den Händen zu einer Teigkugel kneten. Den Teig in einer leicht eingefetteten oder mit Backpapier ausgelegten Quicheform mit einem Messer dünn verteilen und leicht andrücken.

2. Den Teig etwa 10 Minuten backen, dann abkühlen und aushärten lassen.

3. Die Zwiebel häuten, klein schneiden und zusammen mit dem Hackfleisch und Öl in einer Pfanne anbraten. Tomatenmark dazugeben und mit Salz und Pfeffer abschmecken. Paprika entkernen und in Streifen schneiden. Paprika, Mais und Kidneybohnen zur Fleischmasse geben und alles auf dem Mandelboden verteilen.

4. 3 Eier mit der Sahne verrühren, über die Quiche gießen und 45 Minuten im Backofen backen.

TIPP

Nacho-Liebhaber geben 1 großzügige Handvoll Nachos (Achtung: Zutatenliste auf Glutenfreiheit prüfen!) nach 35 Minuten Backzeit auf die Quiche. Dann mit etwas geriebenem Käse bestreuen und mitbacken, bis der Käse zerlaufen ist.

Pizzen und Kuchen

Oliven-Peperoni-Pizza
auf Thunfischboden

Pikanter Belag mit mildem Thunfischboden

Für 1 runde Backform (z. B. Pizzablech) Ø 27 cm (Boden)

- 2 Eier
- 2 Dosen Thunfisch in Öl (insgesamt ca. 360 g)
- 15 g gemahlene Mandeln
- 6 EL passierte Tomaten
- 1 EL Olivenöl
- Salz
- Pfeffer, frisch gemahlen
- Majoran (gerebelt)
- Oregano (gerebelt)
- 1 rote Paprika
- ½ Bund Frühlingszwiebeln
- 3 EL schwarze Oliven (ohne Stein)
- 4 grüne Peperoni (aus dem Glas)
- 100 g geraspelter Käse (z. B. Mozzarella)
- einige Basilikumblätter

Zubereitungszeit: 25 Minuten

Backzeit: 10 Minuten + 10 Minuten

1. Den Backofen auf 180 °C Umluft (Ober-/Unterhitze 200 °C) vorheizen.
2. Die Eier verquirlen. Den in Öl eingelegten Thunfisch abtropfen lassen, mit Küchenpapier trocken tupfen und zusammen mit den Mandeln zu den Eiern geben. Den Teig in eine mit Backpapier ausgelegte runde Backform streichen und etwa 10 Minuten vorbacken.
3. Die passierten Tomaten mit Olivenöl vermischen und mit Salz, Pfeffer, Majoran und Oregano würzen. Die Tomatensauce auf den Thunfischboden streichen.
4. Die Paprika entkernen und in Streifen schneiden, die Frühlingszwiebeln in Röllchen schneiden. Den Boden mit Paprika, Oliven, Zwiebelringen und Peperoni belegen, den Käse darüber streuen und 10 Minuten im Backofen backen.
5. Mit Basilikumblättern garnieren.

Varianten

Statt Mozzarella können Sie auch Feta verwenden. Der Thunfischboden kann auch weniger mediterran belegt werden: z. B. mit Paprika, Salami, Pilzen, Kidneybohnen, Blumenkohl oder Maiskörnern.

Brokkoli-Pesto-Pizza
auf Reisboden

Wählen Sie Ihr Lieblingspesto

Für 1 runde Backform (z. B. Pizzablech) Ø 27 cm (Boden)

- einige Brokkoliröschen
- 125 g Reis
- 70 ml Milch
- 2 Eier
- 120 g geriebener Käse (z. B. Edamer)
- 75 g Speckwürfel
- Salz
- Pfeffer, frisch gemahlen
- Pesto rosso (200 g)
- 1 gelbe Paprika

Zubereitungszeit: 30 Minuten

Backzeit: 25 Minuten + 15 Minuten

1. Den Brokkoli garen. Gleichzeitig den Reis nach Packungsanweisung gar kochen. Den Backofen auf 180 °C Umluft (Ober-/Unterhitze 200 °C) vorheizen. Reis gut abtropfen lassen und mit Milch und Eiern verrühren. 60 g Käse und die Speckwürfel unterrühren, mit Salz und Pfeffer würzen.
2. Die Reismasse in eine runde Backform geben und 25 Minuten backen.
3. Den vorgebackenen Boden mit Pesto bestreichen. Die Paprika in Streifen schneiden und zusammen mit dem Brokkoli auf den Teig legen. Dann mit dem restlichen Käse bestreuen und weitere 15 Minuten im Backofen backen.

Varianten

Belegen Sie die Reispizza nach Lust und Laune – mit Lieblingspesto, Salami oder Gemüse nach Geschmack. Anstelle von Speck können Sie als vegetarische Alternative auch 1 Zwiebel in Ringe schneiden, in etwas Butter anschwitzen und zum Reisteig dazugeben.

Polenta-Pizza-Ecken

Lecker im Quadrat

Für 1 Backblech

- 500 ml Wasser
- 500 ml Milch
- 250 g Maisgrieß (Polenta)
- 2 Eier
- 100 g geriebener Edamer (oder anderer Käse)
- Salz
- Pfeffer, frisch gemahlen
- Muskatnuss, frisch gerieben
- 200 g Pesto
- 80 g geriebener Parmesan

Zubereitungszeit: 25 Minuten

Backzeit: 20 Minuten

1. Den Backofen auf 180 °C Umluft (Ober-/Unterhitze 200 °C) vorheizen.

2. Das Wasser und die Milch in einem Topf aufkochen. Den Maisgrieß einrühren und etwa 10 Minuten unter Rühren quellen lassen. Anschließend die Eier und den Edamer dazugeben, verrühren und mit Salz, Pfeffer und Muskatnuss würzen.

3. Die Masse auf einem mit Backpapier ausgelegten Backblech verteilen. Mit Pesto bestreichen, dann mit Parmesan bestreuen und 20 Minuten im Backofen backen.

4. Anschließend in 5 cm große Quadrate schneiden. Polenta-Pizza-Ecken schmecken warm und kalt.

TIPP

Wer mag, legt vor dem Servieren noch frische Rucolablätter auf die Polenta-Ecken und bestreut sie mit etwas Parmesan.

Varianten

Statt mit Pesto und Parmesan die Polenta mit 30 g Edamer überbacken oder nach dem Abkühlen mit Frischkäse bestreichen. Je nach Geschmack die Polenta mit Gemüsebrühe statt Wasser herstellen oder mit anderen (Lieblings-)gewürzen verfeinern.

Pikante Pizza
auf Blumenkohlboden

Ordentliche Schärfe durch Chili und Peperoni

Für 1 runde Backform (z. B. Pizzablech) Ø 27 cm (Boden)

- 500 g Blumenkohl
- 250 geriebener Mozzarella
- Salz
- Pfeffer, frisch gemahlen
- 100 ml passierte Tomaten
- 1 EL Olivenöl
- Chilipulver
- 1 Paprika
- 3 eingelegte Peperoni
- 6 Scheiben Peperoni-Salami

Zubereitungszeit: 40 Minuten

Backzeit: 10 Minuten + 20 Minuten

1. Den Backofen auf 180 °C Umluft (Ober-/Unterhitze 200 °C) vorheizen. Den Blumenkohl in Röschen zerteilen, gar kochen, gut abtropfen lassen und anschließend mit Küchenpapier trocken tupfen.
2. Den Blumenkohl mit einer Gabel in kleine Stücke zerteilen, mit 120 g Mozzarella, etwas Salz und Pfeffer vermischen und in eine runde, leicht eingefettete oder mit Backpapier ausgelegte Backform geben. Den Boden 10 Minuten vorbacken.
3. Die passierten Tomaten mit Olivenöl, Salz, Pfeffer und etwas Chilipulver verrühren und auf den vorgebackenen Boden streichen.
4. Die Paprika entkernen und in Streifen schneiden. Die Peperoni klein schneiden. Salami, Paprika und Peperoni auf die Tomatensauce legen, mit dem restlichen Käse bestreuen und 20 Minuten im Backofen backen.

TIPP

Sie mögen es nicht so scharf oder Kinder essen mit? Dann mildern Sie die Pizza problemlos ab – verzichten Sie auf Chilipulver, ersetzen Sie scharfe Salami durch milde und Peperoni durch in Streifen geschnittene Oliven oder eine zusätzliche Paprika.

Pommes-Pizza

Pommes + Pizza auf einen Streich – nicht nur für Kinder ein Renner

Für 1 runde Backform (z. B. Pizzablech) Ø 27 cm (Boden)

- 650 g Tiefkühl-Pommes für den Backofen
- 200 g geriebener Mozzarella
- 100 g passierte Tomaten
- Salz
- Pfeffer, frisch gemahlen
- Oregano (gerebelt)
- 1 EL Olivenöl
- 6 Scheiben Salami
- 1 rote Paprika
- 3 Champignons

Zubereitungszeit: 20 Minuten

Backzeit: ca. 25 Minuten

1. Die Pommes nach Backanleitung im Backofen backen, aber etwa 5–8 Minuten vor der Garzeit aus dem Backofen nehmen und etwas abkühlen lassen.
2. Die Pommes in einer runden, mit Backpapier ausgelegten Backform (idealerweise ein rundes Pizzablech) dicht nebeneinander legen, 100 g Käse so darüber verteilen, dass die gesamten Pommes leicht bedeckt sind und die Pommes weitere 5 Minuten (bis zum Ende der Backzeit) im Backofen backen.
3. Die passierten Tomaten mit Salz, Pfeffer und Oregano würzen und zusammen mit dem Olivenöl verrühren. Auf den Käse streichen.
4. Die Paprika entkernen und in Streifen schneiden, Champignons in Streifen schneiden. Die Pizza mit Salami, Champignons und Paprika belegen, den restlichen Käse darüber streuen und etwa 5–10 Minuten backen.

TIPP

Barbecuesauce statt Tomatensauce verleiht der Pizza einen angenehm rauchigen Geschmack.

Spezial-Blechpizza
auf Haferflocken-Quark-Boden

Vielseitig belegen – gemeinsam genießen

Für 1 Backblech

- 400 g Quark
- 250 g Haferflocken (glutenfrei im Supermarkt z. B. „Köllnflocken glutenfrei“)
- 2 TL Backpulver
- 7 EL Olivenöl
- 200 g stückige Tomaten
- Salz
- Pfeffer, frisch gemahlen
- Oregano (gerebelt)
- 4 Scheiben Salami
- 3 EL Ananasstücke aus der Dose
- 1 Scheibe gekochter Schinken
- 3 EL Maiskörner
- 3–4 gegarte Brokkoliröschen
- ½ Paprika
- 150 g geriebener Mozzarella
- einige Rucolablätter

Zubereitungszeit: 40 Minuten

Backzeit: 10 Minuten + 20 Minuten

1. Den Backofen auf 180 °C Umluft (Ober-/Unterhitze 200 °C) vorheizen. Den Quark mit den Haferflocken, dem Backpulver und 5 EL Olivenöl gut verkneten. Anschließend auf einem Backblech verteilen und 10 Minuten im Backofen vorbacken.

2. Die stückigen Tomaten mit 2 EL Olivenöl, Salz, Pfeffer und Oregano verrühren. Die Tomatensauce auf den vorgebackenen Haferflocken-Boden geben.

3. Für den Belag die Pizza in 4 Teile aufteilen und jeweils unterschiedlich belegen: einen Teil mit den Salamischeiben, einen Teil als Hawaii-Pizza mit Ananas und in Streifen geschnittenem Schinken, einen Teil als Gemüsepizza mit Mais, Brokkoliröschen und in Streifen geschnittener Paprika belegen und den Rest ausschließlich mit einem Teil Mozzarella bestreuen (alternativ ½ Mozzarellakugel in Scheiben schneiden und auf die Tomatensauce legen).

4. Über die restliche Pizza Mozzarella streuen und 20 Minuten im Backofen backen. Danach auf das Mozzarella-Pizza-Stück einige Rucolablätter legen.

Kartoffel-Frischkäse-Pizza
auf Linsenboden

Ein Hauch Rosmarin gibt ein besonderes Aroma

Für 1 runde Backform (z. B. Pizzablech) Ø 27 cm (Boden)

- 260 g Linsen (aus der Dose)
- 20 g Speisestärke (glutenfreie Maisstärke z. B. Mondamin oder Dr. Oetker)
- 350 g Kartoffeln
- 150 g Kräuter-Frischkäse
- 200 g Schmand
- Salz
- Pfeffer, frisch gemahlen
- 4 EL Olivenöl
- einige Zweige Rosmarin

Zubereitungszeit: 35 Minuten

Backzeit: 10 Minuten + 25 Minuten

1. Den Backofen auf 180 °C Umluft (Ober-/Unterhitze 200 °C) vorheizen. Die Linsen abtropfen lassen und mit Küchenpapier trocken tupfen. Zusammen mit der Speisestärke pürieren und in einer runden, mit Backpapier ausgelegten Backform verteilen und 10 Minuten vorbacken.

2. Kartoffeln schälen und mit einem Gemüsehobel in dünne Scheiben schneiden. Etwa 3 Minuten in kochendes Wasser geben, anschließend die Kartoffelscheiben mit Küchenpapier trocknen.

3. Frischkäse und Schmand verrühren und auf den Linsenboden streichen. Die Kartoffelscheiben nebeneinander darauf verteilen. Die Kartoffelscheiben mit Salz und Pfeffer bestreuen und mit Olivenöl beträufeln. Rosmarinnadeln abzupfen, darüber streuen und die Kartoffel-Frischkäse-Pizza 25 Minuten im Backofen backen.

Paprika-Pizza
auf Kichererbsen-Blumenkohl-Boden

Kichererbsen – wahre Eiweißbomben

Für 1 runde Backform (z. B. Pizzablech) Ø 27 cm (Boden)

- 400 g Blumenkohlröschen
- 1 Dose Kichererbsen (260 g Abtropfgewicht)
- 1 Ei
- Salz
- Pfeffer, frisch gemahlen
- Majoran (gerebelt)
- 1 kleines Glas Pesto (z. B. Peperoni-Pesto)
- 1 rote Paprika
- 1 gelbe Paprika
- 100 g geriebener Käse (z. B. Mozzarella)

Zubereitungszeit: 35 Minuten

Backzeit: 25 Minuten + 15 Minuten

1. Den Backofen auf 180 °C Umluft (Ober-/Unterhitze 200 °C) vorheizen. Den Blumenkohl gar kochen. Danach gut abtropfen und mit Küchenpapier das restliche Wasser so gut wie möglich aufnehmen.
2. Die Kichererbsen abtropfen lassen und pürieren. Den Blumenkohl dazugeben und pürieren. Das Ei unterrühren und mit Salz, Pfeffer und Majoran würzen.
3. Den Teig in einer runden mit Backpapier ausgelegten Backform verteilen und 25 Minuten backen.
4. Den Teig mit Pesto bestreichen. Die Paprika entkernen, in Streifen schneiden und auf dem Pesto verteilen. Den Käse darüber streuen und die Paprika-Pizza weitere 15 Minuten im Backofen backen.

Varianten

Variieren Sie den Belag z. B. mit Brokkoliröschen, Salami, Mais oder Kidneybohnen.

Salami-Oliven-Pizza
auf Kartoffelboden

Die Kartoffeln werden roh geraspelt und gebacken

Für 1 runde Backform (z. B. Pizzablech) Ø 27 cm (Boden)

- etwas Olivenöl
- 750 g Kartoffeln
- Salz
- Pfeffer, frisch gemahlen
- 120 ml Milch
- 2 Eier
- 5 EL Tomatenmark
- Oregano (gerebelt)
- 4 Cocktailtomaten
- 70 g Salami
- 50 g schwarze Oliven
- 100 g geriebener Mozzarella

Zubereitungszeit: 40 Minuten

Backzeit: 20 Minuten + 15 Minuten

1. Den Backofen auf 180 °C Umluft (Ober-/Unterhitze 200 °C) vorheizen. Eine runde Backform mit Olivenöl einfetten. Die Kartoffeln schälen und mit einer Reibe fein raspeln. Die Kartoffelraspel in der eingefetteten Backform verteilen und mit Salz und Pfeffer würzen.

2. Milch und Eier verrühren und über die Kartoffeln gießen. Den Teig 20 Minuten im Backofen backen.

3. Den Boden mit Tomatenmark bestreichen und etwas Oregano darüber streuen. Anschließend die Pizza mit halbierten Cocktailtomaten, Salami und Oliven belegen. Den Mozzarella darüber streuen und 15 Minuten backen.

Variante

Lecker auch als Pizza Hawaii mit Schinken und Ananas oder als Gemüsepizza mit Paprika und Brokkoli.

Caprese-Pizza
auf Haferflocken-Quark-Boden

Italien lässt grüßen

Für 1 runde Backform (z. B. Pizzablech) Ø 27 cm (Boden)

- 250 g Quark
- 250 g glutenfreie Haferflocken (glutenfrei im Supermarkt z. B. „Kölln-flocken glutenfrei“)
- 2 TL Backpulver
- 3 EL Olivenöl
- 2 Kugeln Mozzarella
- 3 Tomaten
- 4 EL Pesto
- einige Basilikumblätter

Zubereitungszeit: 25 Minuten

Backzeit: 12 Minuten + 5 Minuten

1. Den Backofen auf 180 °C Umluft (Ober-/Unterhitze 200 °C) vorheizen. Den Quark mit Haferflocken, Backpulver und Olivenöl gut verkneten. Dann den Teig in einer runden, mit Backpapier ausgelegten Backform verteilen und 12 Minuten im Backofen vorbacken.

2. Den Mozzarella mit Küchenpapier möglichst trocken tupfen und anschließend in Scheiben schneiden. Die Tomaten in Scheiben schneiden und abwechselnd mit dem Mozzarella überlappend nebeneinander auf den Teig legen. Das Pesto in kleinen Klecksen darauf verteilen und die Pizza weitere 5 Minuten im Backofen backen.

3. Die Caprese-Pizza vor dem Servieren mit Basilikum garnieren.

TIPP

Streuen Sie als zusätzlichen Leckerbissen 3 EL Pinienkerne über die fertig belegte Pizza und backen Sie diese mit.

Gemüse-Pizza auf Hackfleischboden

Ein Muss für Fleischliebhaber

Für 1 runde Backform (z. B. Pizzablech) Ø 27 cm (Boden)

- 1 Zwiebel
- 1 rote Paprika
- 500 g Rinderhackfleisch
- 1 Ei
- 1 EL Senf
- 2 EL Tomatenmark
- Paprikapulver
- Salz
- Pfeffer, frisch gemahlen
- 1 Knoblauchzehe
- etwas Olivenöl
- 150 g stückige Tomaten
- Oregano (gerebelt)
- einige Brokkoliröschen
- 1 gelbe Paprika
- 2 Tomaten
- 100 g geriebener Käse (z. B. Mozzarella)

Zubereitungszeit: 40 Minuten

Backzeit: 15 Minuten + 20 Minuten

1. Den Backofen auf 180 °C Umluft (Ober-/Unterhitze 200 °C) vorheizen. Die Zwiebel häuten, die rote Paprika entkernen und beides in kleine Würfel schneiden. Anschließend mit dem Hackfleisch und dem Ei vermischen. Mit Senf, 1 EL Tomatenmark, Paprikapulver, Salz und Pfeffer würzen. Die Masse in einer runden, leicht eingefetteten oder mit Backpapier ausgelegten Backform verteilen und 15 Minuten im Backofen vorbacken.

2. Knoblauch häuten, fein schneiden und in Öl andünsten. 1 EL Tomatenmark dazugeben, dann die stückigen Tomaten und alles etwas einkochen lassen. Mit Salz, Pfeffer und Oregano würzen.

3. Die Brokkoliröschen gar kochen. Die gelbe Paprika entkernen und in Streifen schneiden. Die Tomaten in Scheiben schneiden.

4. Die Tomatensauce auf dem Hackfleischboden verstreichen, mit Paprika, Brokkoli und Tomaten belegen. Den Käse darüber streuen und die Pizza 20 Minuten im Backofen backen.

Varianten

Die Pizza mit zerbröseltem Fetakäse überbacken oder mit Ananas, Mais und Zucchiniwürfelchen belegen. Statt Tomatensauce Barbecuesauce auf den Hackfleischboden streichen.

Pfeffersalami-Pizza
auf Zucchiniboden

Schnell gemacht und schnell aufgegessen

Für 1 runde Backform (z. B. Pizzablech) Ø 27 cm (Boden)

- 600 g Zucchini
- Salz
- Pfeffer, frisch gemahlen
- 2 Eier
- 150 g geraspelter Käse (z. B. Mozzarella)
- 5 EL Tomatenmark
- Oregano (gerebelt)
- Majoran (gerebelt)
- 8 Scheiben Pfeffersalami
- frische Basilikumblätter

Zubereitungszeit: 15 Minuten

Backzeit: 20 Minuten + 15 Minuten

1. Den Backofen auf 180 °C Umluft (Ober-/Unterhitze 200 °C) vorheizen.
2. Die Zucchini mit einer Küchenreibe fein raspeln und die Raspel mit Küchenpapier oder einem Küchentuch trocken tupfen. Mit Salz und Pfeffer würzen. Dann die Eier und 50 g Käse dazugeben und vermischen.
3. Den Teig in eine runde, leicht eingefettete oder mit Backpapier ausgelegte Backform füllen und 20 Minuten vorbacken.
4. Den Zucchiniboden ganz dünn mit Tomatenmark bestreichen und mit Oregano und Majoran würzen. Die Salamischeiben auflegen, mit dem restlichen Käse bestreuen und 15 Minuten backen.
5. Vor dem Servieren mit frischen Basilikumblättern garnieren.

Variante

Auch als purer Zucchiniboden mit Käse überbacken köstlich.

Capricciosa-Pizza
auf Leinsamen-Parmesan-Boden

Klassisch mit Oliven, Artischocken, Pilzen und Schinken

Für 1 runde Backform (z. B. Pizzablech) Ø 27 cm (Boden)

- 140 g Leinsamen
- 60 g Sonnenblumenkerne
- 100 ml Wasser
- 50 g geriebener Parmesan
- 150 g stückige Tomaten
- 1 EL Olivenöl
- Salz
- Pfeffer, frisch gemahlen
- Basilikum (gerebelt)
- 2 Scheiben gekochter Schinken
- 5 Champignons
- 100 g Artischockenherzen (Glas/Dose)
- 2 EL schwarze Oliven ohne Stein
- 1 Kugel Mozzarella

Zubereitungszeit: 25 Minuten

Backzeit: 10 Minuten
+ 15 Minuten
+ Ruhezeit: 5 Minuten

1. Den Backofen auf 180 °C Umluft (Ober-/Unterhitze 200 °C) vorheizen. Leinsamen und Sonnenblumenkerne mit dem Pürierstab zerkleinern. Danach das Wasser zugeben und etwa 5 Minuten stehen lassen. Dann den Parmesan unterrühren und den Teig in einer runden, mit Backpapier ausgelegten Form verteilen und 10 Minuten im Backofen backen.

2. Die stückigen Tomaten mit Olivenöl, Salz, Pfeffer und Basilikum würzen und die Tomatensauce auf den Leinsamenboden streichen.

3. Den Schinken in Streifen schneiden, Champignons putzen. Champignons und Artischocken vierteln, die Oliven in Scheiben schneiden. Die Pizza damit belegen. Den Mozzarella in Scheiben schneiden und auf der Pizza verteilen. Die Pizza 15 Minuten im Backofen backen.

Kartoffel-Gemüse-Kuchen

Vegetarische Leckerei

Für 1 runde Backform (z. B. Springform) Ø 24 cm (Boden)

- 200 g Erbsen (tiefgekühlt oder aus der Dose)
- 1 kg Kartoffeln
- 2 Eier
- 200 g geraspelter Käse (z. B. Mozzarella)
- 1 Bund Frühlingszwiebeln
- ½ gelbe Paprika
- Salz
- Pfeffer, frisch gemahlen
- Muskatnuss, frisch gerieben
- etwas Schnittlauch
- einige Stängel Petersilie

Zubereitungszeit: 35 Minuten

Backzeit: 35 Minuten

1. Den Backofen auf 180 °C Umluft (Ober-/Unterhitze 200 °C) vorheizen. Die Tiefkühlerbsen in wenig Wasser garen.

2. Die Kartoffeln schälen und mit einer Küchenreibe raspeln. Mit den Eiern und dem Käse vermischen. Frühlingszwiebeln in Röllchen schneiden, Paprika entkernen, in Würfel schneiden und dazugeben. Die Erbsen unterrühren.

3. Den Kartoffelteig mit Salz, Pfeffer und Muskatnuss würzen und in einer runden, leicht eingefetteten oder mit Backpapier ausgelegten Backform (z. B. Quicheform oder auslaufsichere Springform) verteilen. Den Kuchen 35 Minuten backen.

4. Den Schnittlauch in Röllchen schneiden, die Petersilie klein hacken und die Kräuter auf dem Kuchen verteilen.

Variante

Wer es gern würziger mag, verwendet statt Mozzarella würzigeren Käse (z. B. Emmentaler).

Blumenkohl-Gemüse-Kuchen

Mit Artischocken verfeinert

Für 1 runde Backform (z. B. Springform) Ø 24 cm (Boden)

- 350 g Kartoffeln
- 300 g Blumenkohlröschen
- 2 Eier
- Salz
- Pfeffer, frisch gemahlen
- Knoblauch (granuliert)
- Rosmarin (gerebelt)
- 230 g Bergkäse
- 5 EL schwarze Oliven ohne Stein
- 100 g Artischockenherzen (Glas/Dose)
- 80 g in Öl eingelegte Tomaten

Zubereitungszeit: 45 Minuten

Backzeit: 20 Minuten + 20 Minuten

1. Den Backofen auf 180 °C Umluft (Ober-/Unterhitze 200 °C) vorheizen.
2. Die Kartoffeln schälen und gar kochen. Zeitgleich die Blumenkohlröschen in kochendem Wasser bissfest garen. Den Blumenkohl in einem Sieb abtropfen lassen, mit Küchenpapier trocken tupfen und mit einer Gabel in kleine Stücke zerteilen. Die Kartoffeln mit einer Küchenreibe fein reiben.
3. Die Eier in eine Rührschüssel geben und mit Salz, Pfeffer, Knoblauch und Rosmarin würzen. Den Bergkäse raspeln. Den Blumenkohl, die Kartoffelraspel und 180 g Käse mit den Eiern vermischen. Den Teig in eine mit Backpapier ausgelegte runde Backform streichen und 20 Minuten vorbacken.
4. Den Kuchen mit Oliven, geviertelten Artischocken und Tomaten belegen, mit dem restlichen Käse bestreuen und weitere 20 Minuten backen.

Variante

Belegen Sie den Gemüsekuchen mit 1 kleinen Dose Maiskörner, 1 grünen und 1 roten entkernten und in Streifen geschnittenen Paprika.

Brokkoli-Kuchen

Vollgepackt mit gesunden Vitaminen

Für 1 runde Backform (z. B. Springform) Ø 24 cm (Boden)

- 600 g Brokkoli
- 4 Eier
- 125 g Joghurt
- Salz
- Pfeffer, frisch gemahlen
- 50 g Schinkenwürfel
- ½ kleine Dose Maiskörner
- 5 EL geriebener Parmesan

Zubereitungszeit: 25 Minuten

Backzeit: 20 Minuten

1. Den Backofen auf 180 °C Umluft (Ober-/Unterhitze 200 °C) vorheizen.
2. Den Brokkoli in Röschen zerteilen und in kochendem Wasser garen. Dann Brokkoli abtropfen lassen und klein schneiden.
3. Die Eier verquirlen, den Joghurt dazugeben und mit Salz und Pfeffer würzen. Schinken, Mais und Brokkoli unterheben.
4. Die Masse in eine runde, mit Backpapier ausgelegte Backform (z. B. auslaufsichere Spring- oder Quicheform) geben und 15 Minuten backen. Dann den Parmesan darauf verteilen und weitere 5 Minuten backen.

Variante

Auch lecker mit Kidneybohnen statt Mais oder vegetarisch ohne Schinken.

Gemüse-Polenta-Kuchen vom Blech

So einfach und so lecker

Für 1 Backblech

- 500 ml Gemüsebrühe
- 500 ml Milch
- 250 g Maisgrieß (Polenta)
- 2 Eier
- 100 g geriebener Käse (z. B. Edamer)
- Salz
- Pfeffer, frisch gemahlen
- Muskatnuss, frisch gerieben
- 1 Zucchini
- 2 Möhren
- 1 EL Sauerrahm (kann nach Geschmack auch weggelassen werden)
- einige Stängel Petersilie
- etwas Schnittlauch
- 50 g geriebener Parmesan

Zubereitungszeit: 40 Minuten

Backzeit: 15 Minuten

1. Die Gemüsebrühe und die Milch in einem Topf aufkochen. Den Maisgrieß einrühren und etwa 10 Minuten unter Rühren ausquellen lassen. Anschließend die Eier und den geriebenen Edamer dazugeben, mit Salz, Pfeffer und Muskatnuss würzen und verrühren.

2. Den Backofen auf 180 °C Umluft (Ober-/Unterhitze 200 °C) vorheizen. Die Masse auf einem mit Backpapier ausgelegten Backblech verteilen.

3. Die Zucchini und Möhren putzen, klein schneiden und in wenig Wasser garen. Anschließend abtropfen lassen, mit Sauerrahm verrühren und mit Salz und Pfeffer würzen. Die Petersilie und den Schnittlauch klein schneiden und dazugeben.

4. Das Gemüse auf die Polenta geben, mit Parmesan bestreuen und 15 Minuten im Backofen backen.

Kartoffel-Speck-Kuchen

Besonders gut in der kalten Jahreszeit

Für 1 runde Backform (z. B. Springform) Ø 24 cm (Boden)

- 850 g Kartoffeln
- 2 Zwiebeln
- 3 Eier
- 75 g Speckwürfel
- Salz
- Pfeffer, frisch gemahlen
- Muskatnuss, frisch gerieben
- einige Brokkoliröschen
- 1 rote Paprika
- 3 EL Maiskörner
- 100 g geriebener Käse (z. B. Edamer)

Zubereitungszeit: 45 Minuten

Backzeit: 35 Minuten + 15 Minuten

1. Den Backofen auf 180 °C Umluft (Ober-/Unterhitze 200 °C) vorheizen.
2. Die Kartoffeln schälen und reiben. Die Zwiebeln häuten, in kleine Würfel schneiden und zu den Kartoffeln geben. Die Masse mit den Eiern verrühren, dann die Speckwürfel dazugeben und mit Salz, Pfeffer und Muskatnuss würzen.
3. Den Teig in eine runde, mit Backpapier ausgelegte Backform (z. B. in eine auslaufsichere Spring- oder Quicheform) füllen und 35 Minuten im Backofen backen.
4. Den Brokkoli in wenig Wasser garen und in mundgerechte Stücke zerteilen. Die Paprika entkernen und in Streifen schneiden. Brokkoli, Paprika und Maiskörner auf den gebackenen Teig legen, mit Käse bestreuen und den Kartoffelkuchen weitere 15 Minuten im Backofen backen.

Shepherd's Pie

Eine Abwandlung des irischen Klassikers

Für 1 runde Backform (z. B. Springform) Ø 24 cm (Boden)

- 600 g Kartoffeln
- 1 Zwiebel
- 300 g gemischtes Schweine- und Rinderhackfleisch
- Pflanzenöl zum Anbraten
- 2 EL Tomatenmark
- 200 ml (Fleisch-)Brühe
- 2 Möhren
- 20 g Butter
- 50 ml Milch
- Salz
- Pfeffer, frisch gemahlen
- Muskatnuss, frisch gerieben
- 1 EL Speisestärke (glutenfreie Maisstärke z. B. von Mondamin oder Dr. Oetker)
- 70 g Bergkäse

Zubereitungszeit: 1 Stunde

Backzeit: 20 Minuten

1. Die Kartoffeln schälen, in Stücke schneiden und gar kochen.
2. Den Backofen auf 180 °C Umluft (Ober-/Unterhitze 200 °C) vorheizen. Die Zwiebel häuten, würfeln und zusammen mit dem Hackfleisch in etwas Öl anbraten. Anschließend Tomatenmark dazugeben, mit der Brühe aufgießen und einkochen lassen. Die Möhren in Scheiben schneiden und hinzufügen.
3. Die gegarten Kartoffeln abgießen, zerstampfen, Butter und Milch dazugeben und mit Salz, Pfeffer und Muskatnuss würzen.
4. Die Speisestärke mit etwas Wasser verrühren und damit die Hackfleischsauce binden. Anschließend die Sauce in eine runde Backform füllen und die Stampfkartoffeln darauf verteilen. Den Bergkäse raspeln und darüber streuen. Den Shepherd's Pie 20 Minuten im Backofen backen.

TIPP

Die Stampfkartoffeln mit einem Spritzbeutel auf dem Hackfleisch verteilen – das sieht sehr schön aus!

Variante

Der traditionelle irische Shepherd's Pie wird üblicherweise als Auflauf mit Lammfleisch gebacken.

Fingerfood & andere Kleinigkeiten

Flammkuchen Elsässer Art
auf Quark-Käse-Boden

Ein toller Snack – schnell zubereitet

Für 1 Backblech

- 4 Eier
- 250 g Quark
- 250 g geraspelter Käse (z. B. Gouda)
- Pfeffer, frisch gemahlen
- 2 Bund Frühlingszwiebeln
- 200 g Crème fraîche
- 150 g Speckwürfel

Zubereitungszeit: 15 Minuten

Backzeit: 15 Minuten + 15 Minuten

1. Den Backofen auf 180 °C Umluft (Ober-/Unterhitze 200 °C) vorheizen.
2. Eier, Quark und 100 g Käse verrühren und mit etwas Pfeffer würzen. Die Masse auf einem mit Backpapier ausgelegten Backblech verteilen (ca. 32 × 37 cm) und 15 Minuten im Backofen vorbacken.
3. Die Frühlingszwiebeln in Röllchen schneiden.
4. Den vorgebackenen Boden mit Crème fraîche bestreichen, die Frühlingszwiebeln und die Speckwürfel darauf verteilen und anschließend den restlichen Käse darüber streuen.
5. Den Flammkuchen weitere 15 Minuten im Backofen backen.

Variante

Auch sehr lecker mit einem Belag aus eingelegten getrockneten Tomaten, Artischocken, Fetakäse und Crème fraîche.

Spargel-Lachs-Flammkuchen
auf Frischkäseboden

Prima für Gäste

Für 1 runde Backform (z. B. Pizzablech) Ø 27 cm

- 3 Eier
- 40 g gemahlene Mandeln
- 200 g körniger Frischkäse
- 1 Bund grüner Spargel
- Salz
- 200 g geräucherter Lachs
- 150 g Crème fraîche
- einige Stängel Dill

Zubereitungszeit: 25 Minuten

Backzeit: 30 Minuten + 15 Minuten

1. Den Backofen auf 180 °C Umluft (Ober-/Unterhitze 200 °C) vorheizen. Die Eier mit den Mandeln und dem körnigen Frischkäse verrühren. Den Teig in eine runde, mit Backpapier ausgelegte oder eingefettete Backform geben und etwa 30 Minuten vorbacken.

2. Spargel schälen, in mundgerechte Stücke schneiden und in Salzwasser gar kochen. Den Lachs in Streifen schneiden.

3. Den vorgebackenen Flammkuchenboden mit Crème fraîche bestreichen und mit Spargel und Lachs belegen. Anschließend weitere 15 Minuten backen. Vor dem Servieren den Dill klein schneiden und über den Spargel-Lachs-Flammkuchen streuen.

TIPP

Den Flammkuchen vor dem Servieren mit Rucola belegen und mit etwas Parmesan bestreuen.

Variante

Der Boden kann auch als klassischer Flammkuchen Elsässer Art belegt werden: mit 100 g Crème fraîche, 75 g Schinkenwürfeln und 4 in Röllchen geschnittenen Frühlingszwiebeln.

Dattel-Ziegenkäse-Flammkuchen auf Kartoffelboden

Köstliche Kombination mit einem Hauch Honig

Für 1 runde Backform (z. B. Quicheform) Ø 26 cm

- ca. 250 g mittelgroße Kartoffeln
- Salz
- 2 EL Olivenöl
- 5 Scheiben Ziegenkäse
- 100 g Crème fraîche
- 1 EL Honig
- 120 g getrocknete Soft-Datteln

Zubereitungszeit: 30 Minuten

Backzeit: 25 Minuten + 15 Minuten

1. Den Backofen auf 180 °C Umluft (Ober-/Unterhitze 200 °C) vorheizen.
2. Die Kartoffeln schälen und mit dem Sparschäler in dünne Scheiben schneiden. Die Kartoffelscheiben in eine mit Backpapier ausgelegte runde Backform überlappend nebeneinander legen. Leicht salzen, mit Olivenöl beträufeln und 25 Minuten im Backofen vorbacken.
3. Den Ziegenkäse auf die Kartoffelscheiben legen. Crème fraîche mit dem Honig verrühren und darauf streichen. Die Datteln klein schneiden und hinzufügen. Den Flammkuchen weitere 15 Minuten im Backofen backen.

TIPP

Dieser Flammkuchen wird aufgrund des dünnen Bodens am besten direkt aus der Form gegessen.

Variante

Wer mag, gibt zusammen mit den Datteln 2 EL Pinienkerne auf den Flammkuchen. Für einen Boden mit mehr Biss wählen Sie einen Leinsamenboden (Rezept siehe Klappe) statt Kartoffelscheiben.

Focaccia

So lecker – und herrlich variantenreich

Für 1 Backblech

- 120 g Sonnenblumenkerne
- 200 g gemahlene Mandeln
- 1 EL Backpulver
- 40 g Butter
- 300 g körniger Frischkäse
- Salz
- 6 Eier
- einige Zweige Rosmarin
- 4 EL Öl
- 200 g geriebener Mozzarella

Zubereitungszeit: 15 Minuten

Backzeit: 8 Minuten + 10 Minuten

1. Den Backofen auf 180 °C Umluft (Ober-/Unterhitze 200 °C) vorheizen.
2. Die Sonnenblumenkerne und Mandeln mit einem Pürierstab zerkleinern. Anschließend das Backpulver dazugeben und untermischen. Die Butter, den körnigen Frischkäse, 1 Prise Salz und die Eier in einer Rührschüssel vermischen, dann das Mandel-Sonnenblumenkern-Gemisch unterheben.
3. Den Teig auf einem mit Backpapier ausgelegten Backblech verteilen und etwa 8 Minuten im Backofen vorbacken.
4. Rosmarinnadeln abzupfen und auf den vorgebackenen Boden geben. Mit etwas Salz bestreuen, mit Öl beträufeln, mit Mozzarella belegen und weitere 10 Minuten im Backofen backen.

Varianten

- Die Focaccia statt mit Mozzarella mit Parmesan oder Feta bestreuen.
- Die Focaccia ohne Käse zubereiten.
- Die Focaccia mit Oregano, Knoblauch und Thymian bestreuen und mit Öl beträufeln.
- Die Focaccia zusätzlich mit Oliven oder mit kleinen halbierten Tomaten (Schnittseite nach oben) belegen.

Burger-Rolle

Der Fast-Food-Klassiker in neuem Gewand

Für 6 Portionen

- 250 g Quark
- 3 Eier
- 150 g geriebener Mozzarella
- 1 EL Tomatenmark
- 350 g gemischtes Schweine- und Rinderhackfleisch
- Pflanzenöl zum Anbraten
- Salz
- Pfeffer, frisch gemahlen
- 1 Tomate
- 2 eingelegte Gurken (ca. 80 g)
- 3 EL Schmand
- 3 EL Tomatenketchup
- 1 EL Senf
- 4 Scheiben Schmelzkäse
- 4 Salatblätter (Lollo rosso)

Zubereitungszeit: 30 Minuten

Backzeit: 20 Minuten

1. Den Backofen auf 180 °C Umluft (Ober-/Unterhitze 200 °C) vorheizen. Quark, Eier, Mozzarella und Tomatenmark verrühren. Den Teig auf einem mit Backpapier ausgelegten Backblech verteilen und 20 Minuten im Backofen backen. Anschließend leicht abkühlen lassen.

2. Das Hackfleisch in einer Pfanne mit ein wenig Öl anbraten, mit Salz und Pfeffer würzen. Die Tomate in Scheiben, die Gurken in Stücke schneiden.

3. Schmand, Ketchup und Senf verrühren. Die Sauce auf dem warmen Boden verstreichen. Dann das Hackfleisch daraufgeben und die Tomaten und Gurken darauf verteilen. Die Käsescheiben neben und untereinander auf den einen Teil des Teigs legen – 2 Käsescheiben waagerecht nebeneinander und senkrecht darunter 2 weitere Scheiben (ein Teil des Bodens wird nicht mit Käse belegt).

4. Die Salatblätter darauflegen. Den Boden vom Backpapier lösen und aufrollen. Anschließend in etwa 3–4 cm dicke Scheiben schneiden.

TIPP

Servieren Sie ganz klassisch Pommes zu diesem Burger.

Pesto-Schnecken

Ideal auch für ein Büfett

Für 9 Schnecken

- 2 Eier
- 170 g Frischkäse
- 1 Prise Salz
- 60 g grünes Pesto (alla Genovese)
- 15 g Speisestärke (glutenfreie Maisstärke z. B. von Mondamin oder Dr. Oetker)
- 1 EL Backpulver

Zubereitungszeit: 15 Minuten

Backzeit: 20 Minuten

1. Den Backofen auf 180 °C Umluft (Ober-/Unterhitze 200 °C) vorheizen.
2. Die Eier trennen und das Eiweiß steif schlagen. Die Eigelbe mit 70 g Frischkäse, Salz, 30 g Pesto, Speisestärke und Backpulver verrühren. Danach den Eischnee unterheben.
3. Den Teig auf ein mit Backpapier ausgelegtes Backblech auf eine rechteckige Größe von ca. 20–25 cm Seitenlänge streichen und 20 Minuten backen. Dann den noch warmen Boden stürzen und das Backpapier abziehen.
4. Restliches Pesto und restlichen Frischkäse verrühren und auf dem Boden verteilen. Den Teig aufrollen und in ca. 2–3 cm dicke Rollen schneiden.

Varianten

Anstatt mit grünem Pesto den Boden mit einer anderen Sorte Pesto oder Kräuter-Frischkäse bestreichen und anschließend mit gekochtem Schinken und Käsescheiben belegen.

Käse-Röllchen

Ein toller Snack auch für Gäste

Für 10 Röllchen

- 6 Scheiben Gouda
- 4 Scheiben gekochten Schinken
- 120 g Kräuter-Frischkäse

Zubereitungszeit: 15 Minuten + Kühlzeit: mind. 2 Stunden

Backzeit: ca. 4 Minuten

1. Den Backofen auf 180 °C Umluft (Ober-/Unterhitze 200 °C) vorheizen.
2. Den Käse überlappend zu einem großen Rechteck auf ein mit Backpapier ausgelegtes Backblech legen – in 2 überlappenden Reihen jeweils 3 Scheiben überlappend nebeneinander legen. Den Käse im Backofen etwa 4–5 Minuten schmelzen lassen.
3. Den Schinken auf den Käse legen und mit Frischkäse bestreichen. Den noch warmen Käse mit der Füllung aufrollen, in Folie wickeln und mindestens 2 Stunden im Kühlschrank abkühlen lassen. Vor dem Verzehr in Röllchen schneiden.

TIPP

Streuen Sie frisch gehackte Kräuter (z. B. Basilikum, Petersilie, Schnittlauch, Dill) und in Scheiben geschnittene Oliven über die Frischkäseschicht.

Variante

Schmeckt auch mit Emmentaler.

Süßkartoffel-Ziegenfrischkäse-Donuts

Der Ziegenkäse gibt einen besonderen Geschmack

Für 20 Donuts im Mini-Donut-Maker

- 150 g Süßkartoffel
- 1 Ei
- 15 g Butter
- 80 g gemahlene Mandeln
- 15 g Speisestärke (glutenfreie Maisstärke z. B. von Mondamin oder Dr. Oetker)
- 1 EL Backpulver
- 1 Prise Salz
- 2 EL Ziegenfrischkäse

Zubereitungszeit: 25 Minuten

Backzeit: je nach Gerät

1. Die Süßkartoffel schälen und in kochendem Wasser garen und anschließend abkühlen lassen. Den Backofen auf 180 °C Umluft (Ober-/Unterhitze 200 °C) vorheizen.

2. Das Ei und die Butter miteinander verrühren. Die Süßkartoffel dazugeben und mit einem Pürierstab zerkleinern. Anschließend die Mandeln, die Speisestärke und das Backpulver dazugeben und vermischen. Zum Schluss das Salz und den Ziegenfrischkäse unterrühren.

3. Den Mini-Donut-Maker aufheizen, den Teig in die Mulden füllen und backen.

Rosmarin-Snack

Wer Rosmarin mag, wird diese knackige Leckerei lieben

Für 1 Backblech

- 200 g gemahlene Mandeln
- 2 EL getrockneter Rosmarin
- 2 EL Olivenöl
- 4 EL Wasser

Zubereitungszeit: 15 Minuten

Backzeit: 8 Minuten

1. Den Backofen auf 180 °C Umluft (Ober-/Unterhitze 200 °C) vorheizen.

2. Die Mandeln mit Rosmarin, Olivenöl und Wasser vermischen und mit den Händen zu einer Teigkugel kneten. Den Teig zwischen zwei Backpapieren sehr dünn ausrollen. Danach mit einem Messer zu Quadraten in Plätzchengröße vorschneiden und die vorgeschnittene Teigplatte samt Backpapier auf das Backblech ziehen.

3. Den Teig ca. 8 Minuten im Backofen backen.

TIPP

Lässt sich der Teig schwer ausrollen, dann den Teig erst ein wenig kühl stellen.

Haferflocken-Parmesan-Taler

Schön knackig und schnell zubereitet

Für 6 Stück

- 25 g Haferflocken (glutenfrei im Supermarkt z. B. „Kölln-flocken glutenfrei")
- 25 g gemahlene Mandeln
- 70 g geriebener Parmesan
- 70 g Frischkäse
- 1 TL Schnittlauchröllchen

Zubereitungszeit: 10 Minuten

Backzeit: 10 Minuten

1. Den Backofen auf 180 °C Umluft (Ober-/Unterhitze 200 °C) vorheizen. Die Haferflocken, die Mandeln und den Parmesan vermischen.
2. Auf ein mit Backpapier ausgelegtes Backpapier 6 Dessertringe stellen, mit dem Teig befüllen und etwa 10 Minuten im Backofen backen.
3. Dann den Teig auskühlen lassen, von den Dessertringen lösen und mit einem Pfannenwender vom Backpapier auf einen Teller legen. Die Taler mit Frischkäse bestreichen und mit Schnittlauchröllchen garnieren.

TIPP

Aromatisieren Sie die Taler mit Ihren Lieblingskräutern, indem Sie z. B. etwas Thymian, Rosmarin oder Basilikum hinzugeben.

Gemüsechips

Ein Snack, der immer zu schnell weggeknabbert ist

Für 1 Backblech

- 1 Kartoffel
- ½ Zucchini
- 1 Möhre
- 1 Süßkartoffel
- 6 EL Olivenöl
- Paprikapulver
- Salz

Zubereitungszeit: 10 Minuten

Backzeit: 1 Stunde

1. Den Backofen auf 140 °C Umluft (Ober-/Unterhitze 160 °C) vorheizen.
2. Die Kartoffel, die Zucchini, die Möhre und die Süßkartoffel schälen. Das Gemüse mit einem Sparschäler in dünne Streifen schneiden und mit Küchenpapier trocken tupfen.
3. Das Olivenöl in eine Schüssel geben, Paprikapulver hinzufügen und die Kartoffel- und Gemüsestreifen darin wenden. Anschließend die Kartoffel- und Gemüsestreifen auf einem mit Backpapier ausgelegten Backblech nebeneinander legen. Mit Salz und nach Geschmack mit etwas Paprikapulver bestreuen und 1 Stunde im Backofen backen.

TIPP

Wenn das Gemüse unterschiedlich lange braucht, um kross zu werden, dann die bereits knusprigen Chips vom Backblech nehmen und den Rest weitere 5–15 Minuten bei ca. 80 °C im Backofen lassen.

Variante

Anstelle von Paprika mit anderen Gewürzen (z. B. Rosmarin oder Curry) würzen.

Mandel-Galettes

Auf die Füllung kommt's an

Für 3 Stück

- 70 g gemahlene Mandeln
- 3 Eier
- Öl zum Braten

Zubereitungszeit: 10 Minuten

Die Mandeln mit den Eiern verrühren und danach portionsweise in einer mit Öl erhitzten Pfanne von beiden Seiten backen.

Varianten

Die Galettes lassen sich vielfältig befüllen, z. B. mit

- Spinat und Feta-Käse
- einer angebratenen Hackfleisch- und Zwiebelfüllung, zu der Sie einige EL passierte Tomaten geben
- zuvor gedünstetem Gemüse und Hülsenfrüchten

Kartoffel-Tortilla

Spanische Variante des Omeletts

Für 1 Tortilla

- 500 g Kartoffeln
- Salz
- 1 Zwiebel
- Pflanzenöl zum Anbraten
- 1 rote Paprika
- 4 Eier
- 60 ml Milch
- Pfeffer, frisch gemahlen
- 50 g geriebener Bergkäse
- einige Stängel Petersilie

Zubereitungszeit: 50 Minuten

1. Die Kartoffeln schälen und in Salzwasser garen. Anschließend in Scheiben schneiden. Die Zwiebel häuten, würfeln und in etwas Öl anbraten.

2. Die Paprika entkernen und klein schneiden. Die Eier mit Milch verrühren, mit Salz und Pfeffer würzen. Den Bergkäse unterrühren, dann die Kartoffelscheiben, die Paprika und die Zwiebel dazu mischen. Die Petersilie klein schneiden.

3. Die Masse in eine mit Öl erhitzte Pfanne gießen, mit Petersilie bestreuen und bei geringer Hitze stocken lassen. Dann die Tortilla wenden und fertig backen.

Variante

Mit den Zwiebeln 50 g Schinkenwürfel anbraten und zur Masse geben.

Feta-Muffins

Herrlich mediterran

Für 6 Stück

- 2 Eier
- 70 g Frischkäse
- 1 Prise Salz
- 30 g Pesto
- 15 g Speisestärke (glutenfreie Maisstärke im Supermarkt z. B. von Mondamin oder Dr. Oetker)
- 1 EL Backpulver
- 3 in Öl eingelegte, getrocknete Tomaten
- 80 g Feta

Zubereitungszeit: 15 Minuten

Backzeit: 20 Minuten

1. Den Backofen auf 180 °C Umluft (Ober-/Unterhitze 200 °C) vorheizen.

2. Die Eier trennen, das Eiweiß steif schlagen. Die Eigelbe mit Frischkäse, Salz, Pesto, Speisestärke und Backpulver verrühren. Anschließend den Eischnee unterheben.

3. Den Teig zwei Drittel hoch in Silikon-Muffinformen oder in ein leicht eingefettetes Muffinblech füllen.

4. Die getrockneten Tomaten und die Hälfte des Fetas klein schneiden und in die Muffinformen geben. Die Muffins ca. 10 Minuten backen, mit dem restlichen Feta bestreuen und weitere 10 Minuten im Backofen backen.

Brokkoli-Muffins

Köstlich und gesund

Für 6 Stück

- 100 g Brokkoli
- Salz
- 1 Zwiebel
- 1 EL Pflanzenöl
- 80 g Speckwürfel
- 4 Eier
- 4 EL Pesto

Zubereitungszeit: 30 Minuten

Backzeit: 20 Minuten

1. Den Backofen auf 180 °C Umluft (Ober-/Unterhitze 200 °C) vorheizen. Den Brokkoli klein schneiden und in Salzwasser gar kochen.
2. Die Zwiebel häuten, würfeln und in Öl anbraten. Die Speckwürfel dazugeben.
3. Die Eier verquirlen, das Pesto dazugeben, dann Brokkoli und die Zwiebel-Speckwürfel-Mischung unterrühren.
4. Den Teig in Muffinformen (idealerweise Silikon-Muffinformen oder ein gut eingefettetes Muffinblech) füllen und etwa 20 Minuten backen.

TIPP

Verwenden Sie zum Braten Rapsöl, das als Omega-3-Quelle als sehr gesund gilt.

Paprika-Schinken-Muffins

Klein und lecker

Für 8 Stück

- 1 rote Paprika
- 1 Zwiebel
- 160 g gekochter Schinken
- einige Stängel Petersilie
- etwas Schnittlauch
- 6 Eier
- Salz
- Pfeffer, frisch gemahlen
- Knoblauch (granuliert)

Zubereitungszeit: 15 Minuten

Backzeit: 20 Minuten

1. Den Backofen auf 180 °C Umluft (Ober-/Unterhitze 200 °C) vorheizen.
2. Die Paprika entkernen, die Zwiebel häuten und beides fein würfeln. Den Schinken ebenfalls in kleine Würfel schneiden. Die Petersilie und den Schnittlauch klein schneiden.
3. Die Eier verrühren. Salz, Pfeffer, Knoblauch, Petersilie und Schnittlauch dazugeben. Anschließend die Paprika, den Schinken und die Zwiebel untermischen.
4. Den Teig in Muffinformen (idealerweise Silikon-Muffinformen oder ein gut eingefettetes Muffinblech) füllen und etwa 20 Minuten backen.

Variante

Die Muffinform mit einer Scheibe Kochschinken ausfüllen und den Teig auf den Schinken geben.

Dattel-Muffins

Körnig-fruchtig, herrlich schmackhaft

Für 6 Stück

- 8 getrocknete Soft-Datteln
- 50 g gemahlene Mandeln
- 1 EL Kokosflocken
- 40 g Sonnenblumenkerne
- 2 Eier
- 1 Prise Salz
- 2 EL Pflanzenöl
- 1 EL Backpulver
- 40 g Rosinen

Zubereitungszeit: 15 Minuten

Backzeit: 25 Minuten

1. Den Backofen auf 180 °C Umluft (Ober-/Unterhitze 200 °C) vorheizen.

2. Die Datteln klein schneiden. Datteln, Mandeln, Kokosflocken und 20 g Sonnenblumenkerne mit einem Pürierstab zerkleinern – nicht zu fein, eine körnige Konsistenz ist ausreichend.

3. Die Eier, das Salz, das Öl und das Backpulver dazugeben und unterrühren. Zuletzt die Rosinen und die restlichen Sonnenblumenkerne dazu rühren.

4. Den Teig in Muffinformen (idealerweise Silikon-Muffinformen oder ein gut eingefettetes Muffinblech) füllen und etwa 25 Minuten im Backofen backen.

TIPP

Auch prima für die Brotdose zum Mitnehmen.

Lachs-Spargel-Muffins

Das Beste während der Spargelzeit

Für 6 Stück

- 2 grüne Spargelstangen
- 6 Eier
- Salz
- Pfeffer, frisch gemahlen
- 1 Scheibe geräucherter Lachs
- 6 TL geriebener Parmesan

Zubereitungszeit: 25 Minuten

Backzeit: 25 Minuten

1. Die holzigen Enden vom Spargel abschneiden, den Spargel in Stücke schneiden und gar kochen.
2. Den Backofen auf 180 °C Umluft (Ober-/Unterhitze 200 °C) vorheizen. Die Eier verrühren und mit Salz und Pfeffer würzen. Anschließend die Eiermasse zwei Drittel hoch in Silikon-Muffinformen oder in ein eingefettetes Muffinblech verteilen.
3. Den Lachs in Stücke schneiden und zusammen mit den Spargelstücken auf die Muffinformen verteilen. Jeweils 1 TL Parmesan darauf geben.
4. Die Muffins 25 Minuten im Backofen backen.

Varianten

Die Eier-Muffins können Sie je nach Geschmack mit verschiedenen Zutaten befüllen – z. B. mit Paprika-, Feta-, Tomaten-, Pilz-, Schinken- oder Salamiwürfeln, Brokkolistückchen oder Mais.

Spaghetti-Muffins

Ganz besonders lecker

Für 8 Stück

- 1 kleine Zwiebel
- etwas Pflanzenöl
- 100 g Sahne
- 2 EL Curryketchup
- 120 g geriebener Käse (z. B. Mozzarella)
- 2 Eier
- 1 Tomate
- 160 g gegarte Spaghetti (glutenfrei z. B. Senza Glutine Spaghetti von Barilla)

Zubereitungszeit: 20 Minuten

Backzeit: 20 Minuten

1. Den Backofen auf 180 °C Umluft (Ober-/Unterhitze 200 °C) vorheizen.
2. Zwiebel häuten, in kleine Würfel schneiden und in etwas Öl anschwitzen. Den Topf vom Herd nehmen und Sahne und Curryketchup untermischen.
3. 50 g Käse und die Eier unterrühren. Die Tomate in kleine Würfel schneiden und zusammen mit den gegarten Spaghetti untermischen.
4. Die Masse in Muffinformen (idealerweise Silikon-Muffinformen oder ein gut eingefettetes Muffinblech) füllen, mit dem restlichen Käse bestreuen und etwa 20 Minuten im Backofen backen.

Rezepte schnell finden

Bildquellen

Alle Fotos und das Titelfoto stammen von Heike Schmidt-Röger.

Die in diesem Buch enthaltenen Empfehlungen und Angaben sind von der Autorin mit größter Sorgfalt zusammengestellt und geprüft worden. Eine Garantie für die Richtigkeit der Angaben kann aber nicht gegeben werden. Autorin und Verlag übernehmen keine Haftung für Schäden und Unfälle. Bitte setzen Sie bei der Anwendung der in diesem Buch enthaltenen Empfehlungen Ihr persönliches Urteilsvermögen ein. Der Verlag Eugen Ulmer ist nicht verantwortlich für die Inhalte der im Buch genannten Websites.

Impressum

Bibliografische Information der Deutschen Nationalbibliothek
Die Deutsche Nationalbibliothek verzeichnet diese Publikation in der Deutschen Nationalbibliografie; detaillierte bibliografische Daten sind im Internet über http://dnb.d-nb.de abrufbar.

Wollgrasweg 41, 70599 Stuttgart (Hohenheim)
E-Mail: info@ulmer.de
Internet: www.ulmer.de

Lektorat: Anja Fleischhauer, Lisa Seibel
Herstellung: Isabell Scherrieble
Umschlag-Konzeption: Ruska, Martín, Associates GmbH, Berlin
Umschlag-Gestaltung, Layout und Satz: Antje Warnecke, nordendesign.de
Druck und Bindung: Westermann Druck, Zwickau
Printed in Germany

ISBN 978-3-8186-0413-4